ZEIT FÜR MICH

GLÜCK

ANNA
BARNES

kailash

Die englische Originalausgabe erschien 2016 unter dem Titel »How to Be Happy« bei Summersdale Publishers Ltd., England.

MIX
Papier aus verantwor-
tungsvollen Quellen
FSC® C021956
FSC
www.fsc.org

Verlagsgruppe Random House FSC® N001967

1. Auflage
Deutsche Erstausgabe
© 2018 der deutschsprachigen Ausgabe
Kailash Verlag, München
in der Verlagsgruppe Random House GmbH
Neumarkter Str. 28, 81673 München
© 2016 by Summersdale Publishers Ltd.
Layout und Design: Luci Ward
Recherche: Anna Martin
Übersetzung und Satz: Felicitas Holdau
This translation published by arrangement with Summersdale Publishers Ltd.
Umschlaggestaltung: ki 36 Editorial Design, Daniela Hofner, unter Verwendung des Umschlags der Originalausgabe

Bildnachweis: Illustrationen und Fotos © Shutterstock: imnoom / Rawpixel.com / Africa Studio / nld / DoubleBubble / makar / Julia Karo / Damon Shaff / Photographee.eu / BrAt82 / Susan Schmitz / pullia / Svitlana Sokolova / Maslov Dmitry / PlusONE / Irina Vaneeva / Zenina Anastasia / Aquarell / Kitja-Kitja / Kirsten Hinte / Le Chernina / Lera Efremova / grop / Pylypchuk / Nikiparonak / abstract / SalomeNJ / Mascha Tace / Krol / Emir Simsek / nicemonkey / Frovola Polina / LAATA9 / Alisara Zilch / Ephine / Gribanessa / adehoidar / Sloth Astronaut / Fafarumba / Katemacate / Lemuana / IRINA OKSENOYD / Macrovector / Martina Vaculikova / Akame23 / Nikolaeva / adehoidar / babayuka / An Vino / maverick_infanta / Mu-ta-bor / lineartestpilot / vonzur / in-art / Tatsiana Tsyhanova / Magnia / pinana_treeangle / Kamenuka / Anita K / megainarmy / Podessto / aninata / Scherbinka / Happy You / Baranovska Oksana / Polina Pobereshsky / Eisfrei / mart / Anastasia Nio / chuhail / Anna Kutukova

Druck und Bindung: Litotipografia Alcione srt., Trento
Printed in Italy
ISBN 978-3-424-63160-9

www.kailash-verlag.de

INHALT

Vorwort 4

Einfache Glücksstrategien 6

Freude teilen 48

Glücklich daheim 69

Gut geschlafen, gut gelaunt 88

Freude im Job 99

Essen, das glücklich macht 116

Bewegung tut gut 134

Ganzheitlich ins Glück 146

VORWORT

Das moderne Leben gibt ein rasantes Tempo vor, und die Erwartung, dass wir immer noch besser werden, mehr besitzen und härter arbeiten sollen, ist ständig präsent. Dabei vergessen wir oft unser psychisches Wohlbefinden und wie wichtig es ist, einfach glücklich zu sein. Dieses Buch unterstützt dich dabei, etwas Abstand zu gewinnen und ein paar Dingen in deinem Leben mehr Beachtung zu schenken. Es zeigt dir, wie du deine Stimmung verbessern und nachhaltig glücklich werden kannst: mit Tipps fürs Zuhause und fürs Stressmanagement im Job sowie mit leicht nachvollziehbaren Anleitungen, wie du positiver denken und Körper und Geist aktiv bei Laune halten kannst. Mit diesen Tipps – und etwas Begeisterung und Engagement – beginnt dein Weg zum neuen, glücklicheren Selbst.

Einfache Glücks- strategien

Nach diesem Buch zu greifen, war schon der erste Schritt auf deinem Weg ins nachhaltige Glück. Du wirst hier Tipps finden, wie du dein Denken und deine Lebensweise neu ausrichten kannst, um mehr Harmonie und Glück in dein Leben einzuladen. Du lernst zudem mithilfe einfacher Methoden, Körper und Geist zu entspannen, damit negative Gedanken und Ängste verschwinden.

Glück – an keinem
anderen Ort als diesem,
zu keiner anderen
Stunde als dieser.

Walt Whitman

Finde deinen
eigenen Weg ins
Glück
und folge ihm.

DU HAST DIE WAHL

Es gibt viele Gründe, warum Menschen sich schwertun, glücklich und optimistisch zu sein. Schon im 19. Jahrhundert untersuchte William James, ein bekannter amerikanischer Psychologe, warum manche Menschen von Natur aus glücklich sind, während andere ständig darum ringen müssen. Er selbst hat an Depressionen gelitten und auch deshalb viel über das Streben nach Glück begriffen. Und er war überzeugt davon, dass wir uns dafür entscheiden können, glücklich zu sein: Indem man an das Glück glaubt, wird man glücklich. Wenn du also das nächste Mal schlecht drauf bist, denke an bessere Zeiten zurück, tauche in glückliche Erinnerungen ein und vertraue darauf, dass du bald wieder genauso glücklich sein wirst.

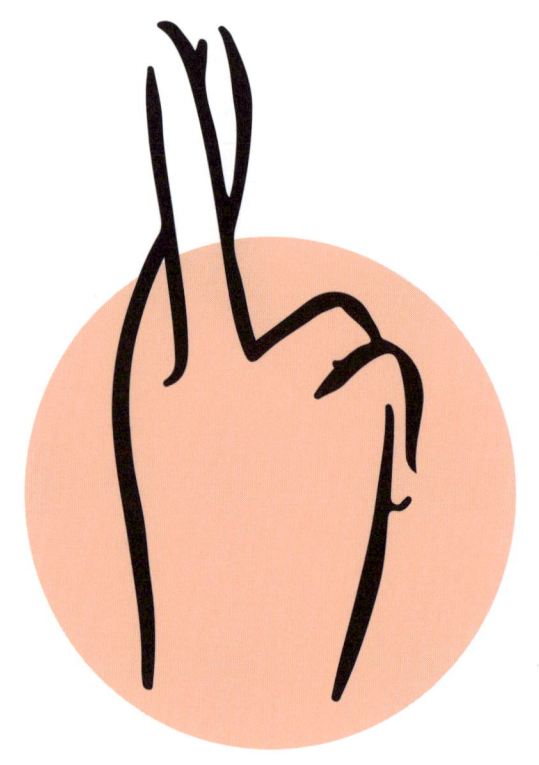

Glücklichsein

ist Willenssache,

keine Glückssache.

DAS BESTE IM LEBEN GIBT'S UMSONST!

Es sind erwiesenermaßen nicht die materiellen Dinge, die uns die größte Freude machen, sondern die kleinen, einfachen Erlebnisse: die Füße im Wasser baumeln lassen oder im Sonnenschein eine Tasse Tee genießen. Wenn du also mal wieder einen Glückskick brauchst, dann geh nicht zum Frustshoppen, sondern suche dir stattdessen draußen kostenlose Stimmungsaufheller.

VIELE

KLEINE

FREUDEN

BEGRÜNDEN

DAS

GLÜCK.

Charles Baudelaire

SPRICH
DARÜBER

Mit einem guten Freund über
deine Probleme zu sprechen,
hilft dir, deine Sorgen in einem
anderen Licht zu sehen. Im
Gegenzug könnt ihr einander
zu all dem Guten gratulieren,
das es in eurem Leben ebenfalls
gibt – so lässt sich das Glückslevel wunderbar anheben. Wenn
du in einer Negativspirale fest-
hängst, sprich mit Menschen, die
Dinge zurechtrücken und Lösun-
gen aufzeigen können, und wenn
sie dich nebenbei zum Lachen
bringen, umso besser.

Entschuldige
dich nie dafür,
du selbst
zu sein.

LASS DIR VON NIEMANDEM SCHLECHTE GEFÜHLE MACHEN

Es ist wichtig zu erkennen, wer in deinem Leben dein negatives Denken nährt oder dich schlechtmacht. Fühle dich nicht verpflichtet, mit solchen Menschen Zeit zu verbringen! Das Leben ist zu kurz, um es an jemanden zu verschwenden, der nicht jederzeit das Beste für dich will.

GUTE GRÜNDE
FÜR GUTE LAUNE

Nimm einen Stift und Papier und schreibe all die Dinge auf, die dir ein Lächeln ins Gesicht zaubern – zum Beispiel Zeit mit der Familie zu verbringen (oder mit Freunden, Hobbys, Haustieren) oder die Ziele, die du erreicht hast. Du wirst überrascht sein, wie lang diese Liste wird. Hänge sie irgendwo auf, wo du sie täglich siehst – als Erinnerung daran, wie schön das Leben ist. Statt einer Liste kannst du auch jede Woche drei schöne Dinge notieren, die dir passiert sind. In einer Studie, die im *Journal of Clinical Psychology* veröffentlicht wurde, fand man heraus, dass Menschen, die sich das zur Gewohnheit machten, signifikant glücklicher wurden.

Einer der besten Wege, im Heute glücklich zu sein, ist die Erinnerung an glückliche alte Zeiten.

WÄHLE EIN ZIEL ODER EINEN GUTEN VORSATZ FÜR DEN TAG, EHE DU AUFSTEHST!

Es kann etwas ganz Schlichtes sein wie »bei der Arbeit gelassen bleiben« oder »gern mit den Kollegen zusammenarbeiten«, aber mach daraus kein Muss, denn das würde dich nur stressen. Der Dalai Lama hat gesagt: »Denke jeden Tag, wenn du aufwachst: Heute habe ich das Glück zu leben. Ich besitze ein kostbares Menschenleben, und ich werde es nicht verschwenden.«
Merke dir das, um dich daran zu erinnern, dass jeder Tag etwas Besonderes ist und nicht noch einmal gelebt werden kann.

Ein positiver Gedanke am morgen kann deinen ganzen Tag verändern.

Entwerte nicht das, was du hast,
indem du begehrst, was du nicht hast;
aber erinnere dich daran, dass das,
was du jetzt besitzt, früher einmal
zu deinen Wünschen gehörte.

Epikur von Samos

GESTALTE EIN MOODBOARD

Auf Moodboards visualisieren Kreative ihre Ideen, die Zielgruppe, Gefühlswelt und Inhalte neuer Projekte. So eine »Stimmungstafel« kann auch dir helfen, deine Wünsche und Gefühle zu visualisieren und gut gelaunt auf deine Ziele fokussiert zu bleiben. Pinne auf eine große Pappe schöne Bilder von deinen Sehnsuchtsorten, anregende Farben und Materialien, inspirierende Zitate und Gedichtzeilen, die dich jedes Mal beim Lesen zum Lächeln bringen. Hänge dein Moodboard an einen auffälligen Platz und ergänze es, während sich deine Ziele und Träume weiterentwickeln.

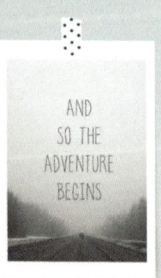

Das Glück deines Lebens
hängt von der Beschaffenheit
deiner Gedanken ab.

Mark Aurel

NIMM DIR ZEIT FÜR DICH SELBST

Sehr leicht vergessen wir unsere eigenen Bedürfnisse, wenn wir stark eingespannt sind und viel Verantwortung tragen. Reserviere dir regelmäßig Zeit für dich selbst und blockiere sie in deinem Kalender als »Ich-Zeit«! Tue dann nur Dinge, die dir Freude machen, oder sitze einfach da und denke nach oder meditiere und genieße deine eigene Gesellschaft.

EIN ZUCKERL
PRO TAG

Wenn du traurig, angespannt oder in Sorge bist, dann versuche immer, auch etwas Schönes zu machen – und sei es etwas ganz Kleines –, um dir selbst einen Glückskick zu verschaffen. Ob es ein üppiges Dessert nach dem Abendessen ist, ob du früh zu Bett gehst und ein Buch liest, ein ausführliches, wohliges Bad genießt, eine Freundin zum Kaffee triffst – wenn du etwas hast, worauf du dich freuen kannst, hilft dir das, tagsüber gut drauf zu bleiben. Achte darauf, dass in deinem Terminplaner regelmäßig kleine glücklich machende Events stehen. Und diese Vergnügungen müssen gar nichts kosten: Wenn die Sonne scheint, geh mit einem Freund raus in den Park und nimm, falls Tennisspielen dort möglich ist, Schläger und Bälle mit; wenn es kalt ist, suche dir kostenlose Veranstaltungen in der Nähe oder besuche Freunde.

LÄCHLE, UND DIE WELT LÄCHELT ZURÜCK.

LÄCHLE BEWUSST

Lächeln setzt Endorphine frei, die körpereigenen Wohlfühldrogen. Selbst wenn dir eigentlich nicht danach zumute ist: Sobald du die Mundwinkel zu einem Lächeln anhebst, wird das auch deine Stimmung heben. Aktuelle Studien belegen, dass sich sogar die Stimmung anderer Menschen an die positive Emotion anpasst, die ein Gesicht kommuniziert – also zeige ein strahlendes Lächeln! Und vielleicht ist ja auch etwas dran an der Behauptung, für ein Lächeln brauche man viel weniger Muskeln als für ein Stirnrunzeln.

Wenn du freudig gehst,
folgt das Glück auf dem Fuße.

Todd Stocker

Schau alles voller Staunen an, wie ein Kind, das dies zum ersten Mal sieht.

FORDERE DICH SELBST IMMER WIEDER HERAUS

Es kann jahrelange Geduld und Mühe erfordern, etwas wirklich zu beherrschen – etwa das Zeichnen oder eine Fremdsprache. Studien haben aber belegt, dass man eine größere Chance hat, tagtäglich und langfristig glücklicher zu sein, wenn man solch ein Hobby aktiv betreibt. Das Gefühl, ganz selbstvergessen zu üben oder zu gestalten, wird auch Flow genannt, und manche Psychologen sagen, dass in diesem Zustand das wahre Glück liegt.

Wähle einen Beruf,
den du liebst, und du brauchst
keinen einzigen Tag
in deinem Leben zu arbeiten.

Konfuzius

STEUERE DEIN LEBEN INS GLÜCK

Weißt du, was du vom Leben erwartest? Bist du glücklich mit deiner Arbeit? Was ist mit deinem Privatleben? Wenn dich deine momentane Situation unglücklich macht, ist es an der Zeit, etwas zu ändern. Was würde bewirken, dass du dich besser fühlst? Setze dir realistische Ziele, die dir helfen, inspiriert und voller Elan an die Veränderung heranzugehen. Wähle Ziele, die für *dich* richtig sind, und keine, mit denen du es anderen recht machen willst. Schreibe zuerst deine Wünsche auf und versuche, einen realistischen Plan aufzustellen. Wenn du Lust auf einen Jobwechsel hast, könntest du als ersten Schritt zu einer Berufsberatung gehen oder ein passendes Praktikum machen. Nimm dir vor, in einem Jahr um diese Zeit auf dem besten Weg zu sein, dein Leben positiv zu verändern.

LASS LOS

Wir alle pflegen an negativen Er-
lebnissen festzuhalten, an Schuld-
gefühlen, Reue und an falschen
Freunden. Es ist an der Zeit, einen
Pakt mit dir selbst zu schließen
und diese negativen Dinge endlich
loszulassen. Dann kannst du vor-
wärts in eine glücklichere, glän-
zende Zukunft gehen. Manchmal
fühlt es sich sehr gut an zu sagen:
»Nie wieder!« Oder: »Das werde
ich sicher nicht noch mal tun!«

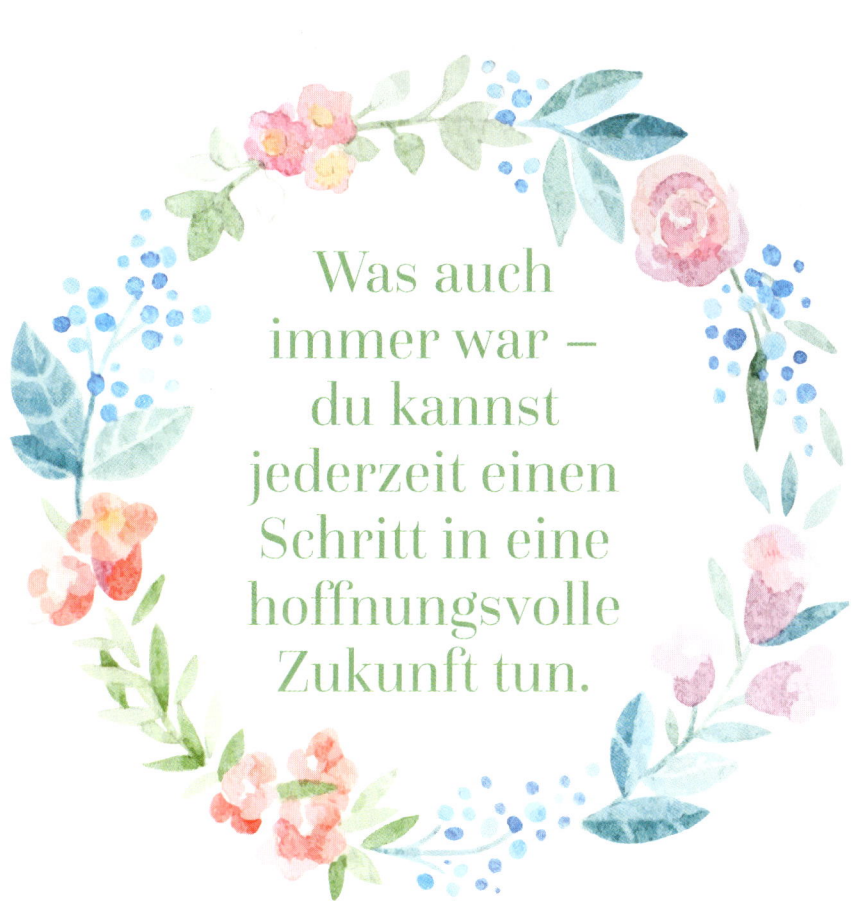

Was auch
immer war –
du kannst
jederzeit einen
Schritt in eine
hoffnungsvolle
Zukunft tun.

SEI DU SELBST

Freue dich an dem, was dich
von anderen unterscheidet, und
folge deinem eigenen Weg ins
Glück. Lass dich nicht dazu
drängen, etwas zu tun oder zu
sein, das andere von dir erwar-
ten – denn niemand kennt dich
besser als du dich selbst.

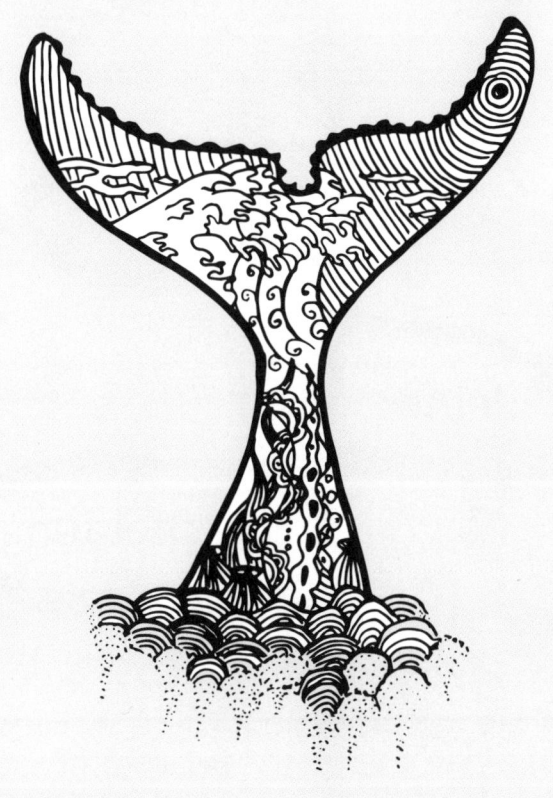

Glück bedeutet im Grunde,
irgendwo mit ganzem Herzen
hinzugehen, klar ausgerichtet,
ohne Bedauern oder Vorbehalt.

William Herbert Sheldon

Steh zu

deiner

Entscheidung

Seinem Entschluss treu zu bleiben
und Zivilcourage zu zeigen, ist ein
sicherer Weg zu wahrem Glück.
Denn das gibt dir das Gefühl, Kontrolle über dein Leben zu haben
und Meister (oder Meisterin) deines
Schicksals zu sein.

Sei immer eine
erstklassige
Version deiner
selbst statt einer
zweitklassigen
Version eines
anderen.

Judy Garland

VERGLEICHE DICH
NICHT MIT ANDEREN

Immer nach Perfektion zu streben – ein Ziel, das per se unerreichbar ist –, wird dich daran hindern, glücklich zu sein. Du nimmst dir so die Chance, mit dem zufrieden zu sein, was du leistest oder schon erreicht hast. Perfektionisten neigen dazu, sich mit anderen zu vergleichen und zu glauben, dass diese einen besseren Job haben, ein größeres Haus, mehr Geld ... So schauen sie nur auf andere statt auf all das Gute, das im eigenen Leben passiert. Anderen nachzueifern, macht nicht glücklich. Versuche einfach, die beste Version deiner selbst zu sein. Schau dir die Bereiche in deinem Leben an, die du verbessern könntest, aber versuche genauso, zu erkennen und wertzuschätzen, was du gut kannst.

WIEDERHOLE DIESES MANTRA:

ICH BIN ZUSTÄNDIG FÜR MEIN GLÜCK.

ICH BIN ZUSTÄNDIG FÜR MEIN GLÜCK. ICH BIN ZUSTÄNDIG FÜR MEIN GLÜCK. ICH BIN ZUSTÄNDIG FÜR MEIN GLÜCK. ICH BIN ZUSTÄNDIG FÜR MEIN GLÜCK.

VISUALISIERE EIN GLÜCKLICHERES SELBST

Auf deinem Weg zum Glücklichsein kannst du dir vielleicht anfangs noch nicht vorstellen, wie das letztlich aussehen wird. Manchmal wirkt so ein »Was wäre, wenn ...?« eher verunsichernd. Hier hilft kreatives Visualisieren: Setze dich in einen bequemen Sessel und entspanne dich. Schließe deine Augen und konzentriere dich für eine Weile auf das Ein und Aus deines Atems. Dann male dir in deiner Vorstellung aus, wie du als glücklicherer, zufriedenerer Mensch wirken und dich verhalten würdest. Wo bist du? Wer ist dort bei dir? Nimm jedes Detail wahr und genieße, wie sich das Ganze anfühlt. – Nimm dieses innere Bild als Inspiration mit auf deinen Weg in ein glücklicheres und zufriedeneres Leben.

FREUDE TEILEN

Eine Tat,
die einen anderen
glücklich macht,
inspiriert diesen,
den Nächsten
glücklich zu machen.
So wächst und
gedeiht das Glück.

Buddha

SCHENKEN MACHT FREUDE

Etwas für andere zu tun, ist nicht nur eine sehr gute
Methode, sich von eigenen Problemen abzulenken;
es fühlt sich auch gut an. Eine neue Studie kommt zu
dem Schluss, dass alle, die selbstlos Hilfe anbieten,
länger leben; Selbstlosigkeit wird auch mit stabileren
und glücklicheren Beziehungen in Zusammenhang ge-
bracht. Es gibt viele Möglichkeiten, in deiner Freizeit
freiwillig zu helfen, zum Beispiel ehrenamtlich bei einer
sozialen Einrichtung. Oder besuche jemanden, den du
kennst, der keine Familie in der Nähe hat und etwas
Gesellschaft schätzen würde. Oder biete einem älteren
Nachbarn an, für ihn im Supermarkt einzukaufen.

Der beste Weg,
sich selbst
aufzuheitern,
ist, jemand
anderen
aufzuheitern.

Mark Twain

SEI GROSSZÜGIG

Untersuchungen zeigen, dass man
Glück kaufen kann – aber nur, wenn
man das Geld für jemand anderen
ausgibt. Das ist eine Win-win-Situa-
tion, weil sich nicht nur der Be-
schenkte toll fühlt, sondern weil man
sich selbst damit glücklich macht.

GETEILTE FREUDE IST DOPPELTE FREUDE.

BUCHE EIN EVENT ODER EINE REISE MIT FREUNDEN

Erinnere dich an Ferien oder freie Tage, die du mit Freunden verbracht hast, und an die Geschichten, die ihr euch heute noch darüber erzählt, wenn ihr euch seht. Gemeinsame Erlebnisse schenken nachweislich größeres und beständigeres Glück, weil man noch jahrelang in den Erinnerungen schwelgen kann; gerade Dinge, die schiefgegangen sind, bieten Stoff für die lustigsten Storys. Und nicht nur das gemeinsame Erleben und Erinnern, sondern auch das Planen und die Vorfreude können uns glücklich machen ... Als ob du überhaupt einen Vorwand brauchen würdest, um für den nächsten Trip zu recherchieren!

Freunde sind Künstler, die dir
ein Lächeln ins Gesicht malen.

Richelle E. Goodrich

ORGANISIERE EINEN FILMABEND

Veranstalte einen Film-
abend für Freunde.
Suche deine Lieblings-
komödie raus, um
reichlich Lacher zu ga-
rantieren, und vergiss
das Popcorn nicht!

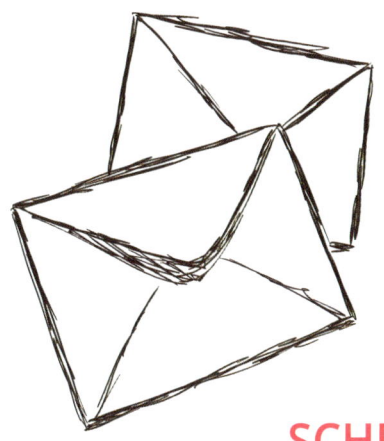

SCHREIBE EINEN BRIEF

Die meisten von uns haben Verwandte oder Freunde, die weit weg wohnen, vielleicht sogar emigriert sind. Tu dir selbst (und den anderen) etwas Gutes und setze dich hin, schreibe einen Brief mit der Hand, lass sie wissen, was du gerade so im Schilde führst, und stelle umgekehrt viele Fragen. Nutze das, um mehr zu erfahren und mitzuteilen, als es dir per Telefon oder Facebook möglich ist, sei ehrlich und offen und lege vielleicht auch ein Foto als nette Erinnerung bei. Höchstwahrscheinlich bekommst du dann eine handschriftliche Antwort, und das verstärkt wiederum das Gefühl von Freude und Befriedigung.

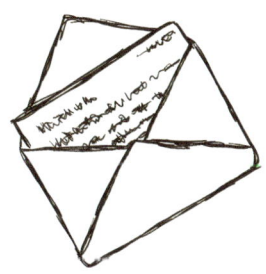

SING DICH FROH

Singen macht glücklich und wirkt zudem wunderbar stresslindernd – es ist schwer, zu singen und sich gleichzeitig gestresst zu fühlen! Die Gesundheit profitiert auch davon, weil Singen für mehr Endorphine, die »Wohlfühlhormone«, sorgt und die vertiefte Atmung den Sauerstoffspiegel im Blut anhebt. Außerdem verbessert es die Körperhaltung und strafft den Bauch. In einem Chor oder einem Singkreis mitzumachen, ist noch bereichernder, weil man dort leicht Freunde finden und dabei viel Spaß haben kann. Suche im Internet einen Chor in deiner Nähe!

Wenn du gerade nicht vor Freude tanzen kannst, dann finde einen Grund zu singen.

Melody Carstairs

DENKE AN GEBURTSTAGE

Wenn du eine persönliche Karte, E-Mail oder ein Geschenk zum Geburtstag schickst, bist du zumindest einmal im Jahr in Kontakt mit Menschen, die dir etwas bedeuten. So lassen sich wichtige Beziehungen aufbauen und pflegen.

UMARME JEMANDEN

Eine herzliche Umarmung ist einer der schnellsten Wege, um das Glückslevel anzuheben, weil sie die Oxytocinproduktion anregt. Das »Bindungshormon« beruhigt das Nervensystem und senkt Blutdruck und Stresslevel.

Wie schön du heute aussiehst!

MACHE KOMPLIMENTE

Ein von Herzen kommendes Kompliment zu machen oder zu bekommen, stärkt das Selbstwertgefühl und hebt das Glücksniveau – also mach jemandem die Freude! Sag ihm oder ihr, wie gut sie aussehen, wie sehr du das eine oder andere an ihnen schätzt, zum Beispiel eine besondere Eigenschaft; wenn ein Arbeitskollege ein tolles Referat gehalten hat, bedanke dich ehrlich. Die Chancen stehen gut, dass du ein Kompliment zurückbekommst. Bedanke dich auf jeden Fall für Komplimente und nimm dir einen Moment Zeit, um das Gesagte wirklich zu genießen. Bewahre Karten, E-Mails & Co. mit Komplimenten auf, ebenso die besten Beurteilungen deiner Arbeit. Lies darin, wann immer du ein bisschen Auftrieb brauchst.

GLÜCKLICHSEIN IST ANSTECKEND. GLÜCKLICHE MENSCHEN MACHEN MENSCHEN GLÜCKLICH.

Wann hast du das letzte Mal
zu jemandem gesagt, dass du
ihn liebst? »Ich liebe dich« ist
unglaublich kraftvoll, und wenn
du es zu einem Familienmitglied,
zum Partner oder zu einem
engen Freund sagst, wird es ihm
(oder ihr) sehr viel bedeuten –
und wenn sie es zurückgeben,
wird es auch dir sehr
viel bedeuten.

Das Glück des Lebens besteht aus winzigen
Fragmenten: aus der kleinen, bald
vergessenen Wohltat eines Kusses oder
Lächelns, einem freundlichen Blick, einem
von Herzen kommenden Kompliment
und all den zahllosen, unendlich kleinen
Dosen angenehmer, herzlicher Gefühle.

Samuel Taylor Coleridge

RUF MAL AN!

Rufe einmal am Tage jemanden für einen kleinen Schwatz an. Studien zeigen, dass uns ein Gespräch mit einem nahestehenden Menschen auch an schlechten Tagen glücklicher macht.

GEH MIT DEM HUND EINES ANDEREN GASSI

Biete jemandem an, mit seinem Hund Gassi zu gehen. Der andere gewinnt dadurch freie Zeit für sich selbst, und du kommst raus in die Natur – und das sogar in netter tierischer Begleitung. Gassigehen tut euch beiden gut, dir und dem Hund. Es bietet euch beiden nicht nur die Chance, euch im Grünen zu bewegen; Zeit mit Tieren zu verbringen hebt bekanntermaßen auch die Stimmung.

Nichts verschönt
das eigene Leben
und das der
Mitmenschen
so sehr wie das
ständige Bestreben,
gut zu sein.

Leo Tolstoi

Glücklich Daheim

Dein Zuhause sollte der Ort sein, an dem du besonders glücklich und entspannt bist. Wenn es aber zum Stressfaktor geworden ist, werden dir die folgenden Tipps helfen, dein Heim wieder zu einem Hort der Freude, Behaglichkeit und Ruhe zu machen.

Wenn du liebst,
was du hast,
hast du alles,
was du brauchst.

SORGE FÜR ORDNUNG

Ein schön aufgeräumtes Zuhause ist wichtig, um sich grundsätzlich wohlzufühlen. Wie oft bist du schon zu spät zur Arbeit gekommen, weil du den Autoschlüssel nicht finden konntest oder ewig gebraucht hast, um ein bestimmtes Outfit zu finden, da dein Schrank so vollgestopft ist? Das ist kein guter Start in den Tag, und schnell fühlt man sich überfordert und gestresst. Es wirkt beruhigend, wenn alle Flächen aufgeräumt sind und alles seinen Platz hat; dafür zu sorgen, kann sehr befriedigend sein. Der kleine Workout des Sortierens und Putzens sorgt für mehr Serotonin, das die Stimmung ausgleicht und uns glücklich sein lässt.

WIEDERHOLE
DIESES MANTRA:

ICH VERDIENE DAS GLÜCK

ICH VERDIENE DAS GLÜCK

ICH VERDIENE DAS GLÜCK

ICH VERDIENE DAS GLÜCK

ICH VERDIENE DAS GLÜCK

ICH VERDIENE DAS GLÜCK

ICH VERDIENE DAS GLÜCK

ICH VERDIENE DAS GLÜCK

ZEIT
FÜR HYGGE

Hygge ist ein dänisches Wort und bedeutet in etwa »kuschelig, gemütlich, im Einklang sein«. Es bedeutet, die kleinen Freuden des Lebens zu genießen, zum Beispiel in einer frostigen Winternacht an einem Holzfeuer zu sitzen, eingekuschelt in eine Decke ein Lieblingsbuch zu lesen, es sich zwanglos mit Pantoffeln und Pyjama bequem zu machen oder sich für einen perfekt aufgebrühten Kaffee Zeit zu nehmen. Bring ein bisschen Hygge in dein Leben und genieße diese kleinen Streicheleinheiten für die Seele.

MISTE DEINE GARDEROBE AUS

Wir häufen mit der Zeit sehr viele Klamotten an, und es kann erstaunlich schwerfallen, Altes auszusortieren. Schubladen und Schränke quellen über – aber irgendwie glauben wir, eines Tages bestimmt wieder schlank genug für die alte Lieblingsjeans zu sein; oder wir hängen aus sentimentalen Gründen an einem Stück und können es nicht loslassen. Eine gute Methode, Dinge auszumisten, ist, dir die folgenden Fragen ehrlich zu beantworten, während du alles durchsiehst:

1. Mag ich das wirklich?
2. Ziehe ich es jemals noch mal an?
3. Will ich darin eigentlich gesehen werden?
4. Kratzt es oder ist es unbequem?

Sobald du alles rausgesucht hast, was du nie wieder anziehen wirst, sortiere aus, was du verkaufen kannst, und bring den Rest zu einem karitativen Secondhandladen. Behandle die Kleidung, die du behältst, mit Sorgfalt und kaufe eventuell gute Bügel. Wenn du die Schubladen einräumst, rolle Empfindliches zusammen, damit es nicht verknittert, und sortiere alles so, dass du es auf einen Blick findest. Ziehst du nun morgens eine Schublade auf oder öffnest die Schranktür, wirst du dich jedes Mal freuen. Und höre hier nicht auf: Nimm den Wäscheschrank in Angriff, die Küchenschränke und auch deine Handtasche. Anschließend wirst du dich rundum entlastet und glücklich fühlen.

Das wahre Geheimnis des Glücks besteht darin, sich mit echtem Interesse den kleinen Dingen des Alltags zu widmen.

William Morris

NIMM DICH NICHT ZU ERNST -

LERNE, ÜBER DICH SELBST ZU LACHEN.

SPARE BARES

Wenn du deine Kontoauszüge nicht an-
schaust und Rechnungen nicht öffnest
aus Angst vor dem, was drinsteht, dann
wird es Zeit, strategisch an die Finanzen
heranzugehen, damit du stressfreier und
glücklicher leben kannst. Mache als Ers-
tes eine einfache Tabellenkalkulation mit
deinen monatlichen Einnahmen und
Ausgaben. Und wenn dir immer wieder
Mitte des Monats das Geld ausgeht, soll-
test du ein paar einfache, schmerzfreie
Budgetkürzungen vornehmen.

Hast du beispielsweise den günstigsten Stromtarif oder Mobilfunkvertrag? Besuche ein Preisvergleichsportal im Internet, um die billigsten Angebote zu finden. Oder: Wie viele Lebensmittel wirfst du jeden Monat weg, wie oft leistest du dir Coffee-to-go oder Essen auf die Hand? Du wirst dich wundern, wie viel Geld du monatlich für deinen täglichen Cappuccino ausgibst – das kann einer ganzen Wochenration Lebensmittel entsprechen. Es hilft dir zu wissen, wofür du dein Geld ausgibst, denn wenn du die Kontrolle über deine Finanzen übernimmst, ermächtigst du dich selbst und wirst dich dadurch insgesamt deutlich besser fühlen.

LERNE ABZUSCHALTEN

Es ist ja so einfach, nach einem harten Arbeitstag heimzukommen und sich vor den Fernseher zu hocken, egal ob man etwas Bestimmtes anschauen will oder nicht, oder online zu gehen und sich in den sozialen Medien zu verlieren. Ehe man es bemerkt, sind Stunden vergangen, und der Abend ist vorbei.
Wirf besser deine Routine über Bord, und statt nach der Fernbedienung, dem Tablet oder Handy zu greifen, nimm dir Zeit für ein Hobby, lade Freunde ein oder gönn dir einen kinderfreien Abend mit deinem Partner. Schon bald wirst du abends voller Vorfreude auf solche schönen Dinge nach Hause kommen.

GRÜNE FREUNDE

Überall ist Platz für ein oder zwei Pflanzen, egal
wie du wohnst. Ob du einen Garten oder nur ein
schmales Fensterbrett hast – Grünzeug zu pflegen, tut der Gesundheit gut. Pflanzen wirken beruhigend auf uns, reinigen die Luft und reichern
sie mit Sauerstoff an. Dadurch können Ängste
gelindert, der Blutdruck gesenkt und das allge-
meine Wohlbefinden gesteigert werden, sodass
man sich gelassener und optimistischer fühlt.

Nichts Großes
wurde je ohne
Begeisterung
geschaffen.

Ralph Waldo Emerson

LERNE DAS PUTZEN ZU LIEBEN!

Es gibt ein paar Aufgaben, denen du nicht entkommst, zum Beispiel Töpfe spülen oder das Bad putzen. Lerne also, sie zu lieben – oder zumindest so zu tun als ob! Mach Musik an und singe lauthals mit. Stoße beim Refrain in Siegerpose mit der Faust in die Luft und juble bei jedem kleinen Erfolg. Studien zeigen, dass Musikhören beim Haushaltmachen positiv und glücklich stimmt und die Arbeit so leichter von der Hand geht.

GEWINNE EINEN PELZIGEN FREUND

Eine aktuelle Umfrage ergab, dass Tierbesitzer ein höheres Selbstwertgefühl und deutlich weniger Stress- oder depressive Gefühle haben als Leute ohne Tiere. Haustiere geben ihren Menschen ein Gefühl von Sinnhaftigkeit und Zugehörigkeit, und zudem machen sie viel Freude, weil sie so gern Kontakt aufnehmen und spielen.

Glück ist
ein warmer
Welpe.

Charles M. Schulz

NIMM DIR ZEIT
ZUM SPIELEN

Sei mal ein bisschen albern, *just for fun*: Wirbele Herbstblätter auf, baue eine Sandburg, schwing dich aufs Klettergerüst im Park, bastele einen Papierflieger ... Mach dir einen Spaß daraus, jeden Tag etwas Verspieltes, Lustiges zu tun.

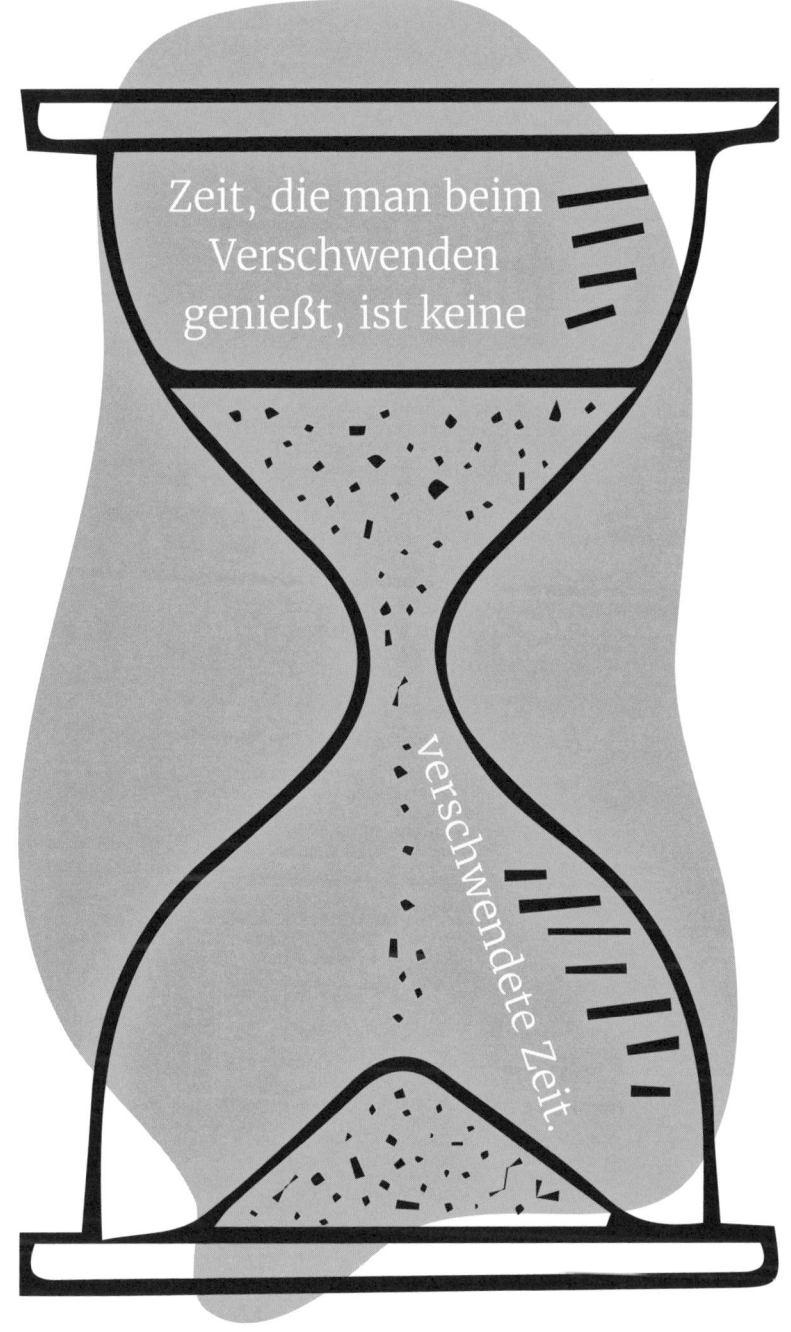

Zeit, die man beim Verschwenden genießt, ist keine verschwendete Zeit.

Marthe Troly-Curtin

Gut geschlafen, gut gelaunt

Dass Müdesein nicht glücklich macht, ist keine Überraschung. Schlafmangel schwächt das Immunsystem, verlangsamt die Reaktionszeit und macht uns anfälliger für Depressionen, Ängste und schlechte Stimmung. Sieben Stunden Schlaf pro Nacht gilt allgemein als Mindestmaß, um gesund zu bleiben. Die folgenden Tipps helfen, nachts besser zu schlafen, sodass du morgens voller Energie positiv in den Tag starten kannst.

HÖRE ZUM EIN-SCHLAFEN KLASSIK

Wenn man klassische Musik hört, sinken nachweislich Köpertemperatur und Herzfrequenz, und die Atmung beruhigt sich – alles ideal, um einen erholsamen nächtlichen Schlaf einzuläuten.

Ein behagliches Zuhause
ist eine wichtige Quelle für
Glücksgefühle. Es rangiert
direkt hinter Gesundheit und
einem guten Gewissen.

Sydney Smith

MACH DEIN SCHLAFZIMMER ZUR WOHLFÜHLZONE

Dein Schlafzimmer sollte dein Allerheiligstes sein – reserviert für Schlaf und Sex. Horte hier nichts Unnötiges, lüfte den Raum täglich gründlich und wechsle regelmäßig die Bettwäsche, damit sie immer duftig frisch und einladend ist. Sorge für sanfte Beleuchtung und verbanne möglichst alle Bildschirmgeräte wie TV, Tablet, Laptop und Handy aus dem Raum, denn sie erschweren das Einschlafen, wenn man sie kurz zuvor nutzt. Bilder und Zierrat sollten freudige Gefühle auslösen. Zünde eine Duftkerze oder Duftlampe an, etwa mit Lavendel, Kamille oder Vanille, die Entspannung und erholsamen Schlaf fördern.

Umgib dich nur mit Dingen, die dein Herz mit Freude erfüllen.

Optimismus ist wahre
moralische Tapferkeit.

Ernest Shackleton

MACH DEIN
BETT SCHÖN

Dies ist eine der einfachsten Übungen, um dich besser zu fühlen. Bettzeug, das dir gefällt, zu dir passt und deine Wohnung aufwertet, kann dir positiven Auftrieb geben. Attraktive Bettwäsche soll nicht nur einen guten Schlaf unterstützen, sondern sie macht dein Schlafzimmer auch zu einem Ort, auf den du stolz bist und in dem du behaglich relaxen kannst. Das richtige Bettzeug auszuwählen bedeutet, etwas zu finden, in dem du dich abends wohlig und bettschwer und morgens erholt und startklar fühlen kannst. Manche Menschen schwören auf kühle Baumwolllaken und -bezüge; andere mögen lieber Seide auf der Haut. In synthetischen Fasern schwitzen viele Menschen mehr, was nächtliches Erwachen fördern kann; morgens fühlt man sich dann nicht gerade frisch und munter. Leiste dir statt vieler billig-bunter Polyesterbezüge lieber nur wenige edle Bettwäschesets. Damit wirst du dein Schlafzimmer noch mehr zu schätzen wissen.

SETZE HIER UND DA FARB-TUPFER

Leuchtende Farben fördern nicht den Schlaf, helfen aber nachweislich, sich optimistischer und glücklicher zu fühlen. Setze also gezielt Farbakzente – eine rote Tagesdecke fürs Bett oder ein Bild von einer farbenfrohen, sonnigen Landschaft –, um dich morgens aufzumuntern.

BEKOMM DEN KOPF FREI VOR DEM SCHLAFEN

Einer der häufigsten Gründe für Schlafmangel sind Sorgen. Deshalb ist es wichtig, den Kopf von negativen Gedanken zu befreien, bevor du schlafen gehst. Das gelingt zum Beispiel so: Schreibe auf, was dir im Kopf rumgeht, oder erstelle eine To-do-Liste für den nächsten Tag. Du kannst auch mit einem Freund reden, vorzugsweise mit jemandem, der das Positive sehen kann und dir hilft, manches zu relativieren. Oder erinnere dich an drei schöne Dinge, die dir heute passiert sind; das ist eine prima Methode, um negative Gedanken zu vertreiben und mit einem positiven Gefühl ins Bett zu gehen.

NIMM DIR ZEIT FÜR DAS, WAS DEINE SEELE BEGLÜCKT.

FREUDE IM JOB

Alles in allem verbringen die meisten von uns mehr wache Zeit in der Arbeit als zu Hause. Angesichts dessen ist es besonders wichtig, in der Arbeit glücklich und zufrieden zu sein. Die folgenden Tipps sollen dir helfen, auch am Arbeitsplatz gut drauf zu bleiben.

SCHLIESSE FREUNDSCHAFTEN

Mit einem Kollegen oder einer Kollegin beim Wasserspender zu plaudern oder Mittagessen zu gehen, macht den Arbeitstag viel schöner und bringt einfach mehr Spaß. Du kannst zum Beispiel einigen Kollegen vorschlagen, ab und zu gemeinsam essen oder ins Kino zu gehen, um sie so besser kennenzulernen und bleibende Freundschaften zu entwickeln.

Verkehre mit denen,
die dich besser machen.

Seneca

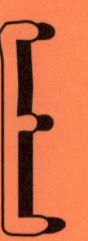

SAG DANKE

Nimm dir die Zeit, denen zu danken, die ihre Arbeit gut gemacht haben. Das wird ihnen den Tag versüßen und für gute Stimmung im Büro sorgen.

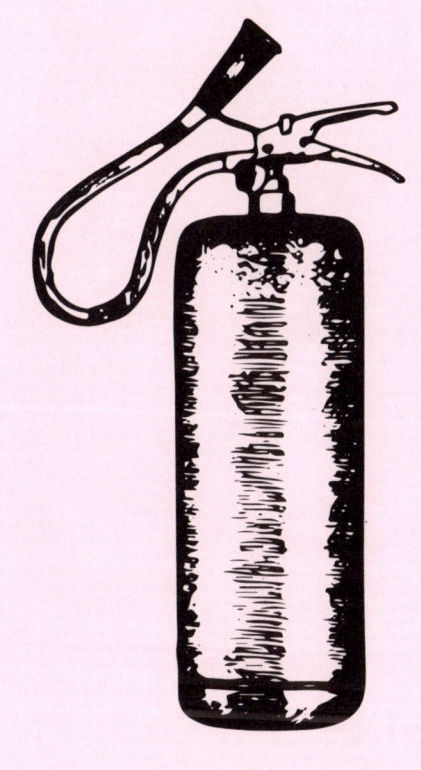

STOPP DAS MULTITASKING

Es ist ein weitverbreiteter Irrglaube, dass bei einem großen Arbeitspensum die Deadlines nur durch Multitasking zu erreichen seien. Die Forschung zeigt, dass durch Multitasking mehr Zeit vergeudet als gewonnen wird, und es wirkt sich negativ auf die Kreativität und Konzentration aus. Mach also, statt an allen Fronten gleichzeitig zu kämpfen, eine Liste der Prioritäten und konzentriere dich auf einen Job nach dem anderen.

LASS DIR KEINEN SECOND-HAND-STRESS ANDREHEN

Für viele ist die Arbeit der stressreichste Teil des Lebens. Wenn ein Kollege sehr angespannt ist, kann es passieren, dass du seine negative Einstellung unbewusst übernimmst. Das lässt sich zum Beispiel vermeiden, indem du konstruktive Ratschläge gibst, sobald er über seine Probleme spricht. Wenn du merkst, dass sein Verhalten auf deine Stimmung drückt, ist es oft besser, aus der Situation rauszugehen und dir zum Beispiel einen Tee zu machen. Bleibe achtsam bei deiner Entscheidung, für positive und glückliche Gefühle zu sorgen, und übernimm bewusst nicht die negative Einstellung der anderen.

BLEIBE RUHIG UND DENKE POSITIV.

HAB IMMER GESUNDE SNACKS PARAT

Wenn man einen extra Energie-
schub braucht, kann es sehr ver-
lockend sein, nach einem unge-
sunden süßen Snack zu greifen.
Aber sobald das erste Zucker-
»High« vorbei ist, fühlt man sich
oft niedergeschlagen und träge.
Belohne dich lieber mit gesunden Snacks wie frischen Früch-
ten, Nüssen oder ein wenig
dunkler Schokolade, die helfen,
sowohl das Energielevel auf-
recht- als auch Körper und
Geist gesund zu erhalten.

DEHNE DICH
GENÜSSLICH

Den ganzen Tag über sitzend am Computer zu arbeiten, kann zu Beschwerden wie Karpaltunnelsyndrom, Augenproblemen, Kopfschmerzen, Gewichtszunahme und Stimmungstiefs führen. Versuche, dich hin und wieder kräftig zu dehnen, oder lauf in einer kurzen Pause die Treppen rauf und runter oder geh für einen kleinen Spaziergang ins Freie. Dabei werden Endorphine ausgeschüttet, die dir neue Energie und das Gefühl geben, den täglichen Anforderungen besser gewachsen zu sein.

EIN BISSCHEN SPASS MUSS SEIN, DANN LÄUFT DER JOB VON GANZ ALLEIN ...

In jeder Arbeit gibt es Bereiche, die keine Freude machen und die man einfach mit zusammengebissenen Zähnen hinter sich bringen muss. Versuche mal, an diese Dinge etwas spielerischer heranzugehen. Wenn du zum Beispiel die Briefablage machen musst, denke dir Wortspiele oder Rätsel anhand der Firmen- oder Nachnamen aus. Oder wenn du ein umfangreiches Dokument lesen musst, versuche, gleichzeitig einen Ball aus Gummibändern zu zwirbeln – das gilt neuerdings als gutes Anti-Stress-Mittel.

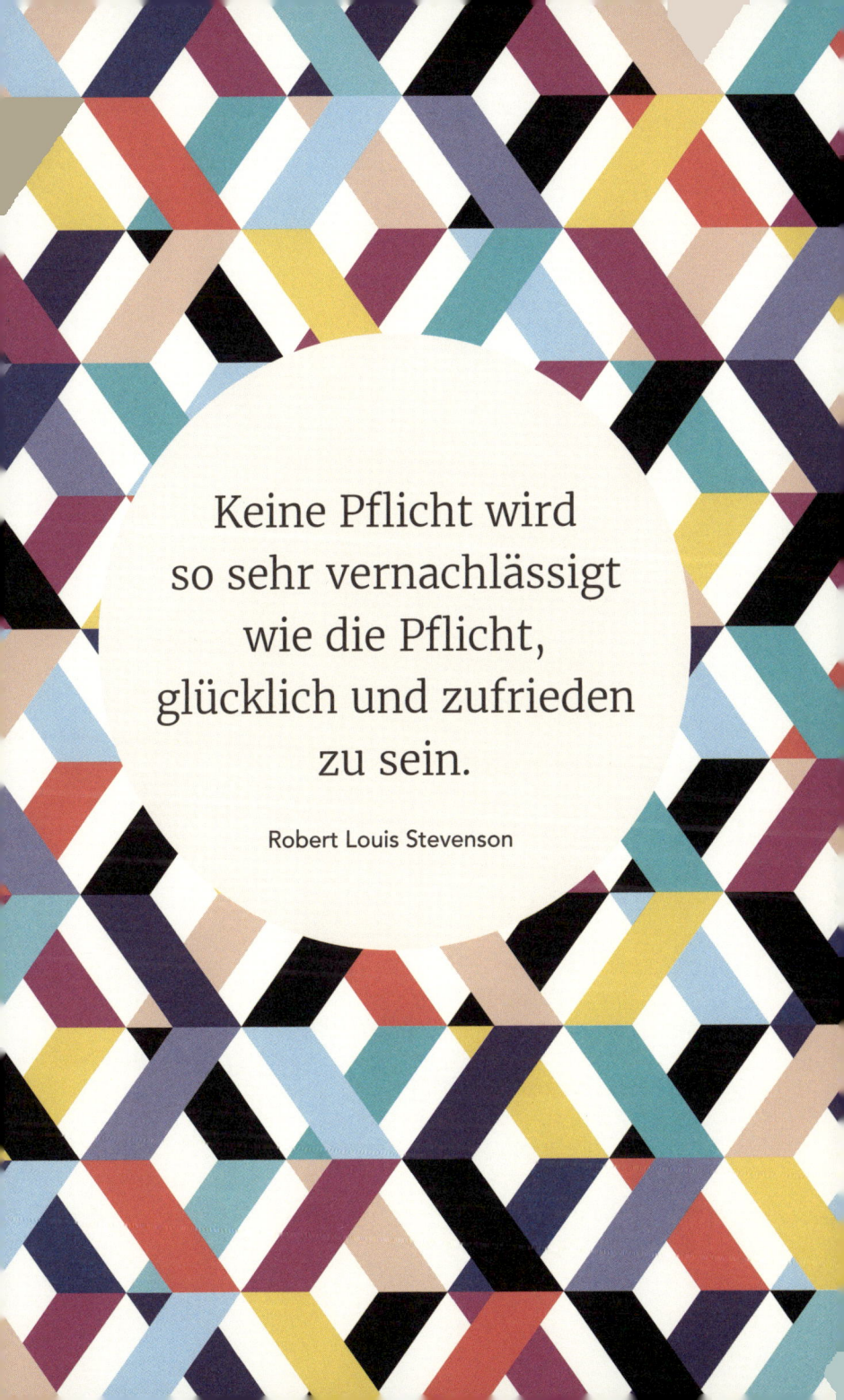

Keine Pflicht wird
so sehr vernachlässigt
wie die Pflicht,
glücklich und zufrieden
zu sein.

Robert Louis Stevenson

LERNE, NEIN ZU SAGEN

Das gilt für alle Lebensbereiche, aber am häufigsten sind wir damit in der Arbeit konfrontiert. Wenn dort etwas von uns gefordert wird, glauben wir, nicht Nein sagen zu können, weil das ein schlechtes Licht auf uns werfen würde. Die Vorstellung, Nein zum Vorgesetzten zu sagen, wenn er uns mit etwas beauftragt, kann beängstigend sein. Aber es ist wichtig, keine Sorge zu haben, dass man dadurch an Ansehen verlieren könnte. Chefs verstehen durchaus, wenn unser Arbeitspensum mal keine zusätzliche Aufgabe oder Verantwortung erlaubt. Sie verlassen sich darauf, dass ihre Mitarbeiter ihnen sagen werden, ob und

wann sie mehr leisten können. Einen Auftrag höflich abzulehnen mit der Begründung, dass du ihn nicht rechtzeitig erledigen kannst, wird deinem Chef nicht nur zeigen, dass du dir deiner Auslastung und Grenzen bewusst bist; es wird vor allem deinen Stress reduzieren. Wenn du glaubst, immer Ja sagen zu müssen, wird dir die Arbeit schnell über den Kopf wachsen; dazu kommt der Druck, mit allem zu spät zu sein, nicht die gewünschte Qualität zu schaffen oder Überstunden machen zu müssen. Das lässt sich leicht verhindern, indem du achtsam darauf schaust, was möglich ist, und wenn nötig Nein sagst.

Glücklich-
sein
ist ein Weg,
kein Ziel.

Sprichwort

RÄUME SCHREIBTISCH UND FESTPLATTE AUF

Es ist wichtig, dass der Schreibtisch aufgeräumt ist und alles seinen Platz hat. Dann kannst du in Ruhe arbeiten und musst nicht ständig gestresst nach verschwundenen Unterlagen oder Büroutensilien suchen. Das gilt genauso für deinen Computer: Räume die Festplatte auf und befreie sie von Uraltdateien und -bildern. Lösche genauso alte E-Mails, die du nicht mehr brauchst. Archiviere die aktuellen Dokumente in sinnvoll benannten Ordnern.

MACH MAL PAUSE

Nimm deinen Urlaubsanspruch ernst. Jeder braucht Zeit und Abstand, um sich zu entspannen und aufzutanken. Pausen stärken erwiesenermaßen die Gesundheit sowie die Produktivität in der Arbeit. Fühl dich also nicht schuldig, wenn du dir die paar Wochen freinimmst.

Das Glück
gehört denen,
die sich selbst
genügen.

Aristoteles

Essen, das glücklich macht

Du brauchst einen Schuss Optimismus oder möchtest das positive Denken füttern? Dann machst du mit der richtigen Ernährung einen großen Schritt in Richtung Glück. Lebensmittel, die reich an Mineralien, Vitaminen und gesunden Fettsäuren sind, tun dir nicht nur allgemein gut, sondern reduzieren auch Symptome von Depressionen und Ängsten. Wissenschaftliche Studien darüber, wie Ernährung auf die Stimmung wirkt, kamen zu dem Ergebnis, dass es zehn entscheidende Nährstoffe gibt, um schlechte Stimmung zu bekämpfen und das Wohlgefühl zu stärken.

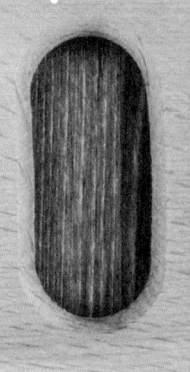

10 Wohlfühlstoffe:

Chrom, Eisen, Folsäure, Kalzium, Magnesium, Omega-3-Fettsäuren, Vitamin B$_6$, Vitamin B$_{12}$, Vitamin D und Zink.

Die folgenden Tipps werden dir helfen, dich gesund und ausgewogen zu ernähren und so dein Glückslevel von innen heraus anzuheben.

ISS MEHR MINERALIEN

Mineralstoffe sind für ein gesundes Nervensystem unerlässlich. Um grundsätzlich für physisches und psychisches Wohlbefinden zu sorgen, ist es wichtig, sie in ausreichender Menge zu essen.

· Chrom trägt wesentlich zur Insulinsteuerung bei und hilft auch dem Gehirn, die Stimmung zu regulieren; ein Mangel kann Bluthochdruck und Depressionen fördern. Reichlich Chrom steckt in Fleisch, Brokkoli, Kartoffeln und Vollkornprodukten.

· Kalzium sorgt für gesunde Blutgefäße und starke Knochen; gedrückte Stimmung kann, speziell bei Frauen, mit einem niedrigen Kalziumspiegel zusammenhängen. Viel Kalzium liefern Milchprodukte und Kohlgemüse.

· Magnesium spielt eine wichtige Rolle bei der Serotoninproduktion; ein Mangel kann uns anfälliger für Stress und Reizbarkeit machen. Nüsse, dunkelgrüne Blattgemüse, Fisch und Vollkornprodukte enthalten viel Magnesium.

· Zink ist ein großer Stimmungsausgleicher und bekannt dafür, depressive Symptome lindern zu können. Es steckt vor allem in Meeresfrüchten, Eiern, Bohnen, Pilzen, Nüssen, Samen und Kiwis.

· Eisen transportiert Sauerstoff durch den Körper und stärkt die Muskeln; sind die Eisendepots leer, werden wir müde, schlecht gelaunt und depressiv. Frauen leiden eher unter Eisenmangel, und Vegetarier sollten überlegen, ein Eisenpräparat zu nehmen. Reich an Eisen sind dunkelgrüne Blattgemüse, Fleisch, Fisch, Bohnen und andere Hülsenfrüchte, Nüsse und Vollkornprodukte.

119

Du kannst glücklich sein – glaube einfach daran.

Glück kommt von innen.

HALTE DEN GLYX NIEDRIG

Eine Low-Carb-Diät mit wenig Kohlenhydraten kann viele gesundheitliche Vorteile haben: ein stabileres Energieniveau, weniger Blähungen, keine Zuckergelüste – all das hilft dir, dich auch mental besser zu fühlen. Glyx steht für »glykämischer Index«: eine Einstufung kohlenhydrathaltiger Nahrungsmittel aufgrund ihrer Gesamtwirkung auf den Blutzuckerspiegel. Wenn du etwas mit hohem Glyx isst, zum Beispiel Weißbrot, Gebäck und Süßigkeiten, schießt dein Blutzuckerspiegel erst nach oben und fällt dann stark ab, was dich müde, reizbar und hungrig zurücklässt. Lebensmittel mit niedrigem Glyx – wie Bohnen, Roggenbrot und die meisten Früchte und Gemüse – stellen sicher, dass dein Körper ausreichend Brennstoff für Tag und Nacht hat, und verhindern starke Blutzuckerschwankungen, die Gefühle negativ beeinflussen können. Wenn du Glyx-niedrig isst, wirst du dich emotional mehr in Balance fühlen.

Das Wichtigste
ist, dein Leben
zu genießen:
* Glücklichsein *
ist das,
was zählt.

Audrey Hepburn

ISS GE-NÜSS-LICH

Zwei Paranüsse pro Tag versorgen dich mit deiner täglichen Dosis Selen, das für die Schilddrüsenfunktion wichtig ist. Dadurch wird sich deine Stimmung heben und das Angstlevel spürbar sinken.

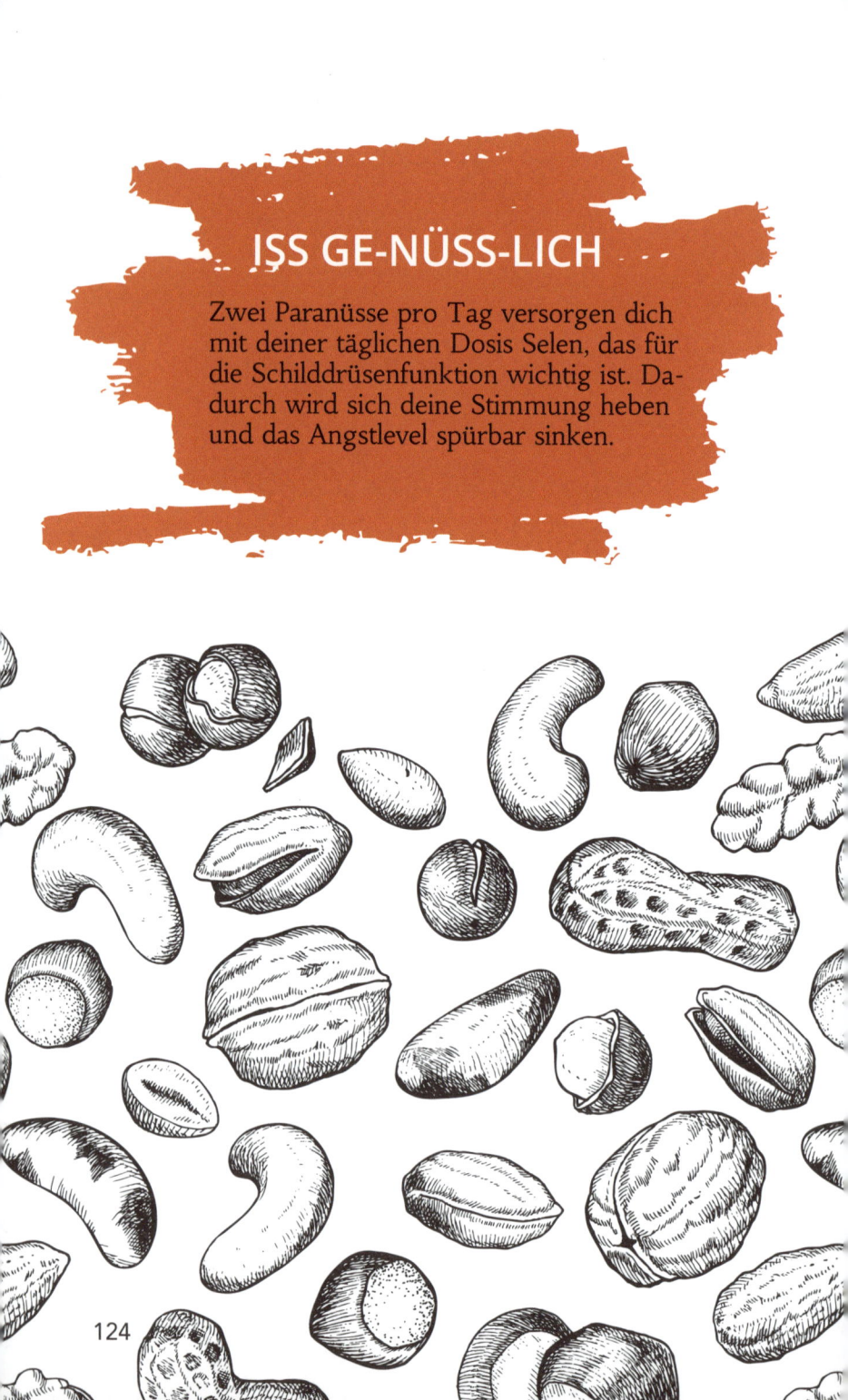

TRINKE WASSER

Für die Gesundheit ist es wichtig, sechs bis acht Gläser Wasser pro Tag zu trinken. Das Wasser transportiert nämlich Nährstoffe in unsere Zellen und schwemmt Giftstoffe aus. Flüssigkeitsmangel führt zu Reizbarkeit und Verwirrtheit. Auch heiße Getränke, Fruchtsäfte und frische Lebensmittel (speziell pflanzliche) enthalten Wasser, das du zu deiner täglichen Ration hinzuzählen kannst.

Iss dich gesund und für immer glücklich.

STREICHE DAS KOFFEIN

Wenn du zu innerer Unruhe und depressiven Stimmungen neigst, ist es ratsam, auf Koffein zu verzichten. Manche Wissenschaftler glauben, dass Koffein mit Abstand der wichtigste Grund für Ängste und innere Unruhe ist und dass ein Konsum von mehr als neun Tassen Kaffee pro Tag sogar extremen Stress und Panikattacken auslösen kann. Weil Koffein die Rezeptoren von Adenosin blockiert, einer Art körpereigenem Beruhigungsmittel, fühlt man sich total überstimuliert.

LIEBER SELIG
STATT WEINSELIG

Nach einem langen Arbeitstag greifen viele Menschen nach einem Glas Wein, um abzuschalten und Stress abzubauen. Alkohol wirkt bekanntlich beruhigend, weil er Endorphine freisetzt (die körpereigenen Wohlfühldrogen); doch er wirkt auch sedierend und hinterlässt eine innere Unruhe, wenn die anderen Wirkungen schwinden. Versuche, deinen Alkoholkonsum einzuschränken. Aber wenn du Lust auf ein Gläschen hast, dann entscheide dich für Chianti, Merlot oder Cabernet Sauvignon, denn sie sind aus Trauben, deren Schalen das Schlafhormon Melatonin enthalten.

Optimismus ist
der Glaube, der
zum Erfolg führt.
Nichts kann
ohne Hoffnung
gelingen.

Helen Keller

AUCH VOLLKORNNUDELN MACHEN GLÜCKLICH

Wenn du schlecht drauf und sehr versucht bist, nach einem Stück Kuchen oder einem Plätzchen zu greifen, wäre es wichtig, dich daran zu erinnern, dass die Kombination aus Zucker und raffiniertem Mehl gesundheitsschädlich ist und verschiedenste Probleme verursacht. Das reicht von Hautbeschwerden bis hin zu ernsthaften Krankheiten wie Diabetes, die alle die Stimmung beeinträchtigen. Versuche, stattdessen mehr Vollkorn zu essen: Vollkornbrot statt Weißbrot, Vollkornreis statt weißem Reis, Frühstückscerealien mit Vollkornreis. Du kannst auch beim Kochen kreativ werden und einige der anderen interessanten Getreidearten ausprobieren, die es auf dem Markt gibt: Wie wär's mit einem Bulgur-Salat oder einer orientalischen Tajine mit Hirse? Es gibt unzählige Möglichkeiten.

FIT UND FROH DURCH (DAS RICHTIGE) FETT

Die ausreichende Versorgung mit Omega-3-Fettsäuren ist wichtig, um sich einen gesunden Geist und eine positive Einstellung zu erhalten. Das geht ganz einfach, indem du pro Woche zwei Portionen Seefisch isst oder über dein Müsli, deine Cornflakes oder den Salat einen Esslöffel Kürbis- oder Sonnenblumenkerne streust.

JETZT IST DIE ZEIT FÜRS GLÜCK!

MACA MACHT
GUTE STIMMUNG

Macapulver ist ein Superfood aus der Maca-Pflanze, die in den peruanischen Anden wächst (daher auch: Peru-Ginseng). Manche nennen das Pulver wegen seiner energiespendenden Wirkung »Natur-Viagra«. Es ist speziell für Frauen gut, die unter PMS und depressiver Stimmung leiden, denn es lindert innere Unruhe, Niedergedrücktheit und Schmerzen. Es wirkt regulierend auf das endokrine System, also die Hormondrüsen, die Stimmung, Stoffwechsel, Sexualfunktionen und Schlaf steuern. Gib das Pulver übers Müsli oder misch es in Smoothies oder Gebäck.

BEWEGUNG TUT GUT

Hast du schon mal bemerkt, wie gut es dir nach dem Schwimmen, dem strammen Spaziergang oder der Joggingrunde geht? Weil der Körper dabei die »Glückshormone« Endorphin und Dopamin ausschüttet und die Stresshormone Cortisol und Adrenalin reduziert, fühlst du dich so wohl. Die Forschung zeigt, dass nur 20 Minuten Training deine Stimmung für bis zu 12 Stunden anheben kann. Die folgenden Tipps helfen dir, in Bewegung zu kommen und die aufhellende Wirkung regelmäßiger Übung zu spüren.

Ein Ziel im Leben ist das
einzige Glück, das sich
zu finden lohnt; und es ist
nicht in fremden Landen
zu finden, sondern nur
im eigenen Herzen.

Robert Louis Stevenson

TRAINIERE MIT FREUNDEN

Wenn du dich nur schwer selbst zum Training motivieren kannst, versuche, gemeinsam mit einem Freund zu joggen oder Tennis zu spielen. Alternativ kannst du in einen Kurs oder Verein gehen und eine Sportart wiederentdecken, die dir in der Schulzeit Freude gemacht hat – wie Basketball, Fußball oder Volleyball. Oder du probierst etwas spannendes Neues aus wie Trampolinspringen oder Klettern. Unter Freunden oder in einer Sportgruppe motiviert ihr euch gegenseitig und habt vor allem gemeinsam Spaß.

Ein Spaziergang
am frühen Morgen
ist ein Segen für
den ganzen Tag.

Henry David Thoreau

SCHÖPFE FRISCHE LUFT

Studien zeigen, dass eine positivere Einstellung hat, wer Zeit in der Natur verbringt. Frische Luft atmen und die Sonne im Gesicht spüren – das garantiert einen schnellen Vitamin-D-Kick. In tiefen Zügen zu atmen, befreit die Lunge und verbessert die Sauerstoffversorgung des Körpers, was wiederum für einen klaren Kopf und mehr Energie sorgt. Statt also deine Freundin im Café zu treffen, geht zusammen an der frischen Luft spazieren; oder steige ein oder zwei Stationen früher aus dem Bus aus und genieße es, dich etwas länger im Freien zu bewegen. Trainiere draußen, indem du mit dem Rad zur Arbeit fährst, beim Yoga im Park mitmachst, an einer Laufgruppe teilnimmst oder im Sommer ins Freibad gehst.

LASS DEIN

GLÜCKSGEFÜHL

STRAHLEN WIE DIE SONNE.

Wem wohl das Glück
die schönste Palme beut?
Wer freudig tut,
sich des Getanen freut.

Johann Wolfgang von Goethe

HÖRE MUSIK BEIM SPORT

Studien haben belegt: Beim Trainieren powervolle Musik zu hören, macht bessere Laune und den Workout leichter. Genauso trainiert es sich angenehmer auf dem Laufband, wenn man seine Lieblingsshow guckt, statt sich im Spiegel dabei zuzuschauen, wie der Schweiß rinnt.

ÜBE YOGA

Bei der uralten Praxis des Yoga geht es zwar auch darum, den Körper zu verbiegen, aber vor allem um eine geistige Balance. Yoga übt man in seinem eigenen Tempo, sodass genügend Zeit ist, um wirklich nachzuvollziehen, was in Körper und Geist passiert. Die beruhigende mentale Wirkung und die tonisierende, kräftigende körperliche Wirkung können Zufriedenheit und Wohlgefühl stärken. Oft endet der Unterricht mit Yoga Nidra, dem »yogischen Schlaf«, oder einer anderen geführten Meditation, nach der du dich erfrischt, glücklicher und mehr in Kontakt mit dir selbst fühlst. Wenn du nicht in eine Gruppe gehen willst, kannst du auch zu Hause mithilfe von Büchern, DVDs oder Onlinekursen üben.

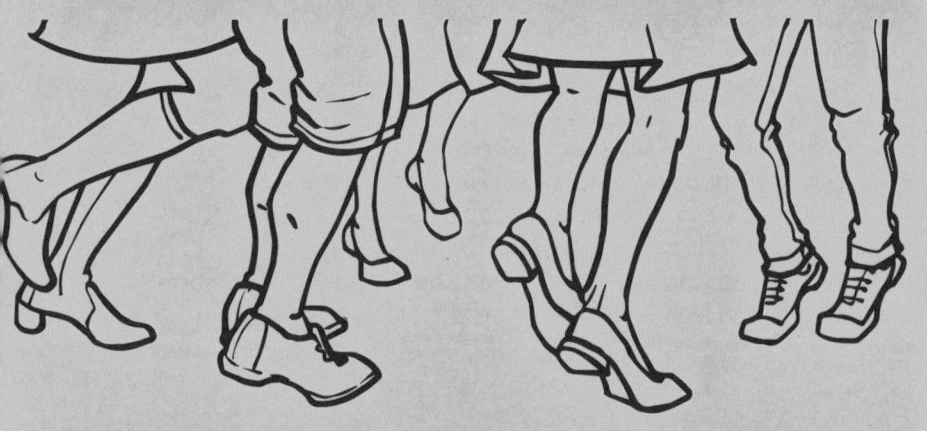

TANZE DICH GLÜCKLICH

Tanzen macht viel Freude und ist außerdem ein super Workout. Du könntest in einen Kurs gehen: Modern Jive, Salsa, Standard, Latein, Tango ... Es gibt verschiedenste Tanzrichtungen im Angebot, und mit jeder kannst du fit werden und neue Leute kennenlernen. Auch Tanz-Workouts wie Zumba bietet inzwischen selbst die Volkshochschule an. Such dir etwas aus, das dir gefällt, und hab Spaß!

GEH RAUS IN DIE NATUR

Geh in einem See oder im Meer schwimmen und erlebe so beim Training intensiv die freie Natur. Wenn du ins kalte Wasser tauchst, tut das deiner Gesundheit gut, lindert Schmerzen, Depressionen und Ängste, stärkt dein Immunsystem und deine Lebenskraft. Durch den »Endorphin-Rausch« beim Bad im Freien fühlst du dich lebensfroh und glücklich und bereit, den Herausforderungen des Alltags zu begegnen.

Denke **groß,** träume **GRÖSSER.**

Ganzheitlich ins Glück

Wenn du merkst, dass du immer seltener zufrieden und glücklich bist, können dir ganzheitliche Übungsmethoden helfen, weil sie körperliche und mentale Symptome des Stimmungstiefs lindern und dir ein wenig der dringend notwendigen »Ich-Zeit« verschaffen.

Ab und zu ist
es gut, in unserem
Streben nach Glück
innezuhalten und
einfach glücklich
zu sein.

Guillaume Apollinaire

MEDITIERE

Hirnscans haben gezeigt, dass buddhistische Mönche, die regelmäßig meditieren, sich deutlich glücklicher fühlen als der Durchschnitt. Studien belegen, dass Menschen, die täglich zehn Minuten lang meditieren, besser schlafen, zufriedener sind und belastbarer in stressigen Situationen.

Hebe dein Glückslevel mit dieser einfachen Meditation an: Setze dich in einen bequemen Sessel oder auf ein Sitzkissen, richte den Rücken auf und schließe die Augen. Versuche, ablenkende Gedanken loszulassen, und konzentriere dich auf das Ein und Aus deines Atems. Nimm wahr, wie sich dein Körper von innen anfühlt: Beginne damit am Kopf, gehe weiter zu Nacken und Schultern und nach und nach durch den ganzen Körper bis zu den Zehenspitzen. Wenn du fertig bist, öffne langsam deine Augen und genieße das Gefühl der inneren Ruhe.

Der gegenwärtige Moment
ist voller Freude und Glück.
Wenn du aufmerksam bist,
wirst du es erkennen.

Thích Nhât Hạnh

Schau in den Spiegel
und mach dir selbst
ein Kompliment:

Du bist
wunderbar!

VERSUCH ES
MIT MANTRAS

Ein Mantra ist eine positive Aussage, die
ständig wiederholt wird. Mantras kann man
still für sich denken oder laut rezitieren. Viele
Menschen glauben, dass es wirksamer ist,
sein Mantra tatsächlich auszusprechen, weil
ihm das mehr Substanz verleiht. Du kannst
das ausgewählte Mantra auch aufschreiben
und igendwo hinhängen, wo du es oft siehst,
zum Beispiel in der Küche oder im Bad. Wähle
dein Mantra danach aus, was für dich wichtig
ist, und nicht danach, was andere vielleicht
richtig finden. Es kann alles sein, von »Ich be-
stehe mein Examen« bis »Ich bin ein guter,
ehrlicher Mensch«. Wenn du es regelmäßig
wiederholst, wird dir dein Mantra helfen,
an dich und deine Fähigkeiten
zu glauben.

Lass
das Glück
in deinem
Leben zu.

UMARME EINEN BAUM

Naturverbundheit soll einen signifikanten Einfluss auf unser Wohlbefinden und Glücksgefühl haben. Versuche also, jeden Tag in der Natur zu sein, und genieße die positive Wirkung auf deine Gesundheit und Zufriedenheit. Verbundenheit entsteht durch ganz einfache Dinge wie: dem Geräusch lauschen, wenn du durch trockene Herbstblätter stapfst; stehen bleiben und an einer Blüte am Wegesrand riechen; eine alte Eiche umarmen ...

Was Seife für den Körper,
ist Lachen für die Seele.

Jiddisches Sprichwort

LACHEN IST DIE BESTE MEDIZIN

Lachen tut gut! Es setzt nicht nur Endorphine frei und damit Glücksgefühle, sondern es sorgt auch nachweislich für gesundheitliche Vorteile: Sich den Bauch vor Lachen zu halten, entspricht einem leichten Workout, weil es den Kreislauf anregt und die Muskulatur aktiviert. Lachen reduziert Stresshormone, senkt den Blutdruck, stärkt das Immunsystem, verbessert das Gedächtnis und das Schlafverhalten. Hier ein paar Tipps, wie du mehr Lachen in dein Leben bringen kannst:

1. Sieh, wenn's geht, auch die komische Seite einer schwierigen Situation und nimm dich selbst nicht zu ernst.

2. Erinnere dich an ein lustiges Ereignis und erzähle es einem Freund – die Geschichte nachzuerleben wird auch deinem Freund bessere Laune machen!

3. Abonniere witzige E-Mails oder den Newsletter deines Lieblings-Comedians, lies regelmäßig lustige Romane und Bücher mit Witzen oder amüsanten Geschichten.

4. Verbringe Zeit mit Menschen, die dich zum Lachen bringen.

5. Schau dir einen lustigen Film an, geh in ein Kabarett oder einen Comedy-Club.

LAST, NOT LEAST: ÄRZTLICHER RAT